Reiner Kunze ist ein Dichter des Menschen, nicht der Menschheit. Unnachgiebig stellt er *eines jeden einziges leben* in den Mittelpunkt seiner Lyrik. Seine Verse sind ein Bekenntnis zum Individuum und seinem Recht auf Entfaltung – und gerade damit ist Kunze, obwohl seine Gedichte stets einen zarten und behutsamen, ja innigen Ton anschlagen, zum Ärgernis der Ideologen in Ost und West geworden, die den Einzelnen so gerne irgendeiner vermeintlich bedeutenden Sache unterordnen wollen. Seine 1986 veröffentlichte Lyriksammlung *eines jeden einziges leben* gibt diesem Engagement für die Würde des unersetzlichen, unverwechselbaren individuellen Menschen besonders eindringlich Sprachgestalt. Zugleich findet Kunze, der die hier publizierten Gedichte nach seiner Übersiedlung aus der DDR in den Westen schrieb, in diesem Band zu einer in seiner Poesie bis zu diesem Zeitpunkt unerreichten gelassenen Heiterkeit und anmutigen Lebensfreude: Mit der sozialistischen Diktatur, die Kunze wie wenigen anderen zugesetzt hatte, schüttelte er einen Alpdruck ab, der auf seinem Leben lastete. Dem nachfolgenden »Durchatmen«, wie Kunze selbst es nannte, verdanken einige seiner betörendsten Gedichte ihre Entstehung. Die Neue Zürcher Zeitung schrieb über *eines jeden einziges leben:* »Dichten als existentielle Notwendigkeit. Lippenbekenntnisse dieser Art gibt es viele. Wenn aber Reiner Kunze ›mit den Lippen Wörter schält‹, an Worten wie an Satzzeichen alles Überflüssige wegläßt, so hat das eine Dimension, die jeden Zweifel an Aufrichtigkeit oder Radikalität hinweggefegt.«

Reiner Kunze, geboren 1933 in Oelsnitz/Erzgeb.; Studium der Philosophie und Journalistik in Leipzig. 1977 Übersiedlung in die Bundesrepublik. Er wurde mit zahlreichen Literaturpreisen ausgezeichnet, darunter dem Georg-Trakl-Preis, dem Geschwister-Scholl-Preis und dem Georg-Büchner-Preis. Seine Werke wurden bisher in dreißig Sprachen übersetzt. Im Fischer Taschenbuch Verlag liegen folgende Titel vor: ›Wohin der Schlaf sich schlafen legt‹ (Bd. 80003), ›Der Löwe Leopold‹ (Bd. 80161), ›Am Sonnenhang‹ (Bd. 12918), ›zimmerlautstärke‹ (Bd. 1934), ›ein tag auf dieser erde‹ (Bd. 14933), ›sensible wege‹ (Bd. 13271), ›Die wunderbaren Jahre‹ (Bd. 2074), ›auf eigene hoffnung‹ (Bd. 5230) und ›Deckname »Lyrik«‹ (Bd. 10854).

Reiner Kunze

eines jeden
einziges leben

gedichte

Fischer Taschenbuch Verlag

3. Auflage: August 2003

Vom Autor durchgesehene Ausgabe
Veröffentlicht im Fischer Taschenbuch Verlag,
einem Unternehmen der S. Fischer Verlag GmbH,
Frankfurt am Main, Dezember 1994

Lizenzausgabe mit Genehmigung
des S. Fischer Verlags GmbH, Frankfurt am Main
© S. Fischer Verlags GmbH, Frankfurt am Main 1986
Druck und Bindung: Clausen & Bosse, Leck
Printed in Germany 1994
ISBN 3-596-12516-2

Jeder Mensch fängt die Welt an, und jeder endet sie.
Achim von Arnim, Die Majoratsherren

I

... und deine Heimkehr, die ganz gewöhnliche, am Abend, ... das genügte, der Schlüssel, der sich in der Wohnungstür drehte, und schon schlug mein Herz schneller, höher wie man so sagt ... Als hätte uns auch in Friedenszeiten eine schreckliche Gefahr gedroht, Gefahr des Sichverlierens.

Marie Luise Kaschnitz

ENTWURF UNSERES HAUSES
FREI NACH ALFRED KUBIN

Das fenster deines zimmers soll wimpern haben

Die schwelle ins haus
eine züngelnde schlange (keines menschen
tod noch wunde, nur

erinnerung an eines jeden
einziges leben)

BAUSTELLENWOCHENENDE

Die leiter erhängt am kran

Auf der erde
die richtschnurspindel, sie stach
freitagmittag ein uhr

Nur den bauherrn kümmert's daß auch der herbst
ziegelrot ist

Demütig klaubt er aus der stille
leere bierflaschen

MAURER, IN DER TÜR DER BAUHÜTTE LEHNEND

Nach der wasserwaage ihrer bierflaschen
stehn sie im rechten winkel
zum regen

Das sonnige wochenende
ist ihr geheimnis
ohne abzüge

Der regen zog auf über nacht
und die welt ist im lot:
Heut wird nichts

DIE HANDWERKER SIND GEGANGEN

Unumgänglich viel zu viel
dachten wir an dinge

Laß uns das haus abtragen
in uns

Damit der tod nicht macht gewinne über uns
im leben

DAS HAUS

Nun vermietet an uns der tod

Wir wissen nicht, wann
er uns kündigen wird und
wem zuerst

Wir wissen nur: Alle klagen
sind abgewiesen

HEIMAT TROTZ WENN UND ABER

Das dach zwei kupferne flügel, angewinkelt, ein
                                              haus das
abhebt

In den fängen
mein land

II

Wer bist du Ruhendes unter hohen Bäumen?
Georg Trakl

VORFRÜHLING

Die wiese, in der tiefe noch gefroren,
blüht vor möwen

Das ufer wäscht seine weiden

Die schleife, die der fluß zieht, bindet
mit jedem morgen fester

HOHER SOMMER

Eine trockenheit,
daß nachts in der ohrmuschel plötzlich
der regen rauscht

Barfuß läufst du vor das haus:

Das federgras weiß von nichts,
und der himmel ist
dicht von sternen

IN GOTTSDORF VOR DEM GEWITTER

Der wind, der plötzlich aufkam, streicht der kirche
eine strähne tauben aus der stirn

Seit tagen klopfen wir das leiseste geräusch
ab nach donner

In zeiten der dürre
hängt auch in Gottsdorf der glaube
an den seidenen fäden des regens

NACH DEM GROSSEN REGEN

Der haushang, gejätet bis ins schwarze, ist
ein emirat, voll
von des schachtelhalms minaretten

Die steinmispelsträucher
liegen auf den knien, die stirn
am boden

BAUERNHAUS VON HINTEN

Über dem klatschmohn der hahnenkämme
die gute stube für die nacht

Nie berührt von der sonne
wie das innere des beichtstuhls

Die heilige jungfrau tastet mit den zehen
das licht der kissen

Ein hauch von moder
erinnert ans nichtauferstehen

Das fenster lüftet vergebens,
und der sommer wärmt nicht durch

IM MORGENGRAUEN

Der hahn mäht schlaf

So fein gedengelt ist sein schrei, daß durch die
schneide
der fingernagel schimmert
des traums

Du hoffst, daß sich der hahn entfernt
zu anderen müdigkeiten
und auf der deinen
dichtes grummet wächst

GEDICHT FÜR DEN WINTER

Die meisen töten wölfisch,
und der rasen unter dem schmetterlingsflieder
ist übersät mit zarten flügeln

In den kletterrosen
meckern die bienen wie ziegen

Eine scheune voll von diesem mittag
für die zeit, wenn zu allem überfluß
auch der gartentisch
weiß sein wird

ABENDS

Der berg legt den wald
in den nacken, sein schwarzes
geweih

Der himmel, der fegebaum, wirft
sterne ab, und an milchigem geäst
weht ein rest von bast

III

Wie du auch singst, die Erde bleibt die alte,
du singst kein Blatt vom Zweig.
Sergej Jessenin

Guter Wein ist sich selbst genug... Kunst auch.
Vladimír Holan

NEBEN DEM STUFENLEGER KNIEND

Unmerklich das gefälle, mit dem
die stufe dem fuß
entgegenkommt

Wie das gefälle bestimmen
des wortes, damit es sich entgegenneige
unmerklich

GEDICHT MIT DER FRAGE DES LEHRERS

Plötzlich, eines morgens im april, parkten
postautos längs der straße, halb
in den vorgärten, halb
auf dem asphalt

Und was will der dichter damit sagen?

Über nacht hat der goldregen
die zäune niedergeblüht

UNPOPULÄRES GEDICHT

> Kunst ist ... etwas für manchen, nichts
> für alle   *Vladimír Holan*

Jeder von uns besteht darauf, daß er
er selbst sein darf

Und alle sind wir unvollkommen

Beim kunstwerk aber verbitten wir uns, daß es
es selbst ist

Und vielleicht ist es vollkommen

NACHDICHTEN

Mit der goldwaage wiegen
und das herz nicht anhalten dabei

Noch dort dem dichter folgen wo der vers
im dunkeln läßt

Den kopf hinhalten für ihn

DICHTER IM EXIL

An ihren sohlen haftet
die erde ihrer sprache

Gewiß, der duft warmen brotes
erbarmt sich ihrer

Doch wer weiß schon, was das heißt:
mit dem wort am leben hängen

VON DER INSPIRATION

Nur ein anfänger von engel
fliegt unterhalb der wolken
(noch ist er in sich selbst
nicht weit genug entfernt vom menschen)

Wenn deine stirn ein flügel streift,
ist's einer von ihnen,

und du stehst am anfang
wie er

SELBSTGESPRÄCH FÜR ANDERE

Nichts hat das gedicht gemein
mit der auferstehung,
die erde und himmel miteinander verknüpft,
damit der kelch vorübergehe am menschen

Das bild, das den dichter stellt,
stellt infrage, was er weiß

Das gedicht ist zur ruhe gekommene unruhe

(Und das ist alles, was er je an sicherheit bewohnt)

- - -

Und das gedicht ist verzicht
im leben wie in der sprache
Doch im leben zuerst,
und in beidem gleichviel

Nicht mehr an welt,
als du an einsamkeit entbehren kannst

Nicht einmal mehr
an liebe

Abende, an die du den kopf lehnen kannst,
damit das am tage verzweifelt gesuchte wort
aufgeht hinter dem schlaf

DICHTER SEIN

... gehn wir in warme länder fort
Jan Skácel

Entlang dem staunen
siedelt das gedicht, da
gehn wir hin

Von niemandem gezwungen sein, im brot
anderes zu loben
als das brot

DER LESER
(für Toni Pongratz)

Wo,
     wo bliebe das wort, abgeschwiegen
dem tod, wäre, hochgesetzt,
der hallraum nicht
eines herzens

IV

Es herrscht das Absurde, und die Liebe errettet davor.
Albert Camus

NACHTS

Unhörbar lehnt der hang am haus

Noch liegen wir
diesseits

Noch können wir die stille unter dem kopf
aufschütteln

DER VATER, SEHR GEALTERT

Immer schon hättest du nach seinem schweigen
eine linie ziehen können – eine
gerade

Nun aber reichst du nicht hin, wohin
sein schweigen reicht

DER VATER REIST ZURÜCK

Einmal, heimgekommen von der schicht,
hatte der vater gesagt, er arbeite
genau unterm friedhof

Wo es doch nichts tieferes gab
als das grab ...

Später, untertage,
sahst du es mit eigenen augen:
Die toten fuhr man
nach oben

Und dennoch – bei den augen von greisen,
wenn der zug anfährt:

Nichts ist tiefer als das grab

ABSCHIED

Der schaffner warf die tür ins schweigen

Das signal steht auf schwarz

Immer ferner die hand mit dem taschentuch,
der vogel mit nur einem flügel

PASSAU TRIST

Die regenschirme klettern
freundlich übereinander
in den engen gassen

Doch am abend wenn keiner dir begegnet
und eine ratte kreuzt von links, bist du
                                    erleichtert daß es heute
nicht im mittelalter regnet

Und daß der lungenarzt Carossa mehr
und doch nicht mehr verschreiben könnte
als ein gedicht

AUGUST

Die wiesen stehen leer von geläut,
und im brunnenschacht
blieb vom wasser nur der duft

In goldenen rinnsalen harzt in der hitze das holz
des frischen dachstuhls

- - -

Wir sollten um verzeihung bitten,
daß wir nicht dürsten müssen

FÖHN

Der wind zieht die wirbel an

Die nerven sind verstimmt
bis ins schmerzhafte

Noch eine vierteldrehung,
und etwas in dir wird zerspringen

Und du kannst nicht hinter die bühne gehen
wie der bratschist, der eine neue saite aufzieht

BESUCH AUS MÄHREN

Leer für bücher las er nacht für nacht, heftig
zigaretten rauchend und hustend gegen morgen daß es
dröhnte als brächen vom baum seines atems
riesige abgestorbene äste

Am tag mißtraute er

Als faustpfand hatten sie dort bei ihnen
sein altersbrot

Und die erde für sein grab

Doch beharrte er darauf daß nirgendwo sonst
erde erde sei,
            und durch die haut seiner worte
schimmerte das knöchelweiß der faust die auch er
in der jugend geballt hatte

TRAUM IM EXIL

Der mutter beine wuchsen ein
ins zimmer

Ich will den sohn sehn, sagte sie
zum zimmer, geh!

Die mutter will den sohn sehn, sagte das zimmer
zum haus, geh!

Und das haus sagte geh! zur stadt
und geh! die stadt zum land, die mutter
will den sohn sehn

AMULETT FÜR M., DIE VON DORT KOMMT

Um der eigenen mitte willen
sich zur seite schweigen

Unhörbar trägt zu Erfurt im dom
Wolfram den leuchter

NEUBAUTEN IN DER ALTSTADT

Gotische spitzbögen reißen sie nieder, niststätten
der ewigkeit

Die dachtraufenhöhe, der sich
jahrhunderte beugten, wird
durchstoßen

Auf der straßenbank erinnern sich die alten
des salpeterbaums, der im gemäuer blühte, als sie
                                                    hier
noch wohnen durften

ALTER GROSSTADTFRIEDHOF

Eines tages stirbt auch der friedhof

Der toten sind ihm zuviel
und vor marmor kann er nicht mehr atmen

Die menschen wissen nicht wohin mit ihm –
es gibt keinen friedhof für friedhöfe –
und überlassen ihn der zeit

Dann gehen sie hin und schauen nach,
was übrigbleibt

JUNGE MOTORRADFAHRER

Hornissen, die ihr seid
in meinem ohr, ich möchte euch
hinausschütteln

Auch durch euch ertaube ich
an dieser zeit

Im leerlauf
vollgas

Geschwindigkeit hoch geräusch ist
das ziel

GENERATIONEN

... da bist du schon lange tot. – Dann arbeite ich
aber und spare immer bloß, bis ich tausend mark
habe, und dann kaufe ich dreißig kränze, schön,
mit kastanien und zweigen, und die lege ich dir
dann aufs grab.   (der sohn, fünfjährig)

Legtest du von diesen kränzen, sohn,
einen mir aufs grab, wollte
kastanien und zweige ich tragen
wie lorbeer

UNTER STERBENDEN BÄUMEN

Wir haben die erde gekränkt, sie nimmt
ihre wunder zurück

Wir, der wunder
eines

KLEINES RUHMESBLATT FÜR
ALEXANDER GRAF VON FABER-CASTELL

Die seele hat ihren sitz
in der nähe des herzens
(these)

Mit jedem baum, dessen wipfel
ausdünnt, treibt in der seele er
angstnadeln

In der nähe des herzens verschanzt er
die tümpel seiner uferau, echos
gewesener landschaft,

und steckt an den wald sich
letztes reihersilber

MÄRCHEN FÜR ZWEI ALTE HÄNDE

Beim blauen blut der heidelbeere, das rot ist
wie alles blaue blut, erhebt der wald
in den adel

Wer das königshaus betritt und sich verneigt
beere um beere – der allein
darf hoffen

Das heidelbeerschwarz der fingerkuppen
muß sein
wie von geburt

OSTERN

Die glocken läuteten,
als überschlügen sie sich vor freude
über das leere grab

Darüber, daß einmal
etwas so tröstliches gelang,

und daß das staunen währt
seit zweitausend jahren

Doch obwohl die glocken
so heftig gegen die mitternacht hämmerten –
nichts an finsternis sprang ab

GEBURTSTAGSBRIEF

Und noch dann betrügen wir uns selbst, wenn wir
                                                    sagen:
auge in auge mit dem nichts

Das nichts blickt nicht

Wir sind nichterblickte

Und nicht angeblickte, blicken wir nicht
einander an

LITERATURARCHIV IN M.

Unterkellert bis zum Styx

An die wand gelehnt
ein ruder: Charon
liest

Ob er, ehe er den toten übersetzt,
einsicht nähme in das manuskript . . .

Nicht noch die nicht gedruckten irrtümer, sagt er

Die lieder liest er
des Orpheus

Er trage sie bei sich seit damals

Wie die liebe, so das lied, sagt er. Das aber sei's
                                        weshalb den tod
keines mehr wendet

Eurydike würde nicht folgen, sagt er

Sagt's
beim ruder an der wand

Und warum lese er des Orpheus lieder hier?

Ein ort der schatten sei's
mit dem licht der oberwelt

BERÜHMTER DICHTER DES WESTENS
SIGNIERT

Band um band, aufgeschlagen ihm gereicht vom stapel,
reinigt den schmutztitel er
mit dem vollkommenen gewitter seiner unterschrift

Das halbe leben fast bewachten wir das buch, das wir
ihm
vor die feder legen (abdrücke trägt's
eines dielenbretts, unter dem wir es einst
verbargen)

Er sieht's und sieht: vom stapel nicht –
und schiebt's beiseite
mit dem initial

ENGRAMM

Als Peter Huchel nach langen Jahren der Demü-
tigung 1971 in den Westen übersiedeln durfte,
brachte er die Vorgabe eines großen Ruhmes mit
sich ... Es läßt sich aber nun, nachdem Huchel
ein westdeutscher Dichter wurde, nicht länger
übersehen, ... daß die Bedeutung dieses Dich-
ters mehr von zeitgeschichtlicher als von künstle-
rischer und psychologischer Beschaffenheit ist.
(Hamburg, 28. Oktober 1972)

So sehr demütigten sie ihn,
daß er sein leben von den wegen nahm,
die die ihren kreuzten

Angekommen hier, las er, daß er
nicht entkommen war

ÜBERDOSIS
(in memoriam Jean Améry)

Der kleinen tode wegen, die zu sterben vor dem tod
er müde war

Der vielen kleinen mörder wegen

NOCTURNE AUF DER HÖHE DES LEBENS

> Wenn die Post nachts käme
> und der Mond
> schöbe die Kränkungen
> unter die Tür ...
>
> *Ilse Aichinger*

Kämen die kränkungen
nur mit der post
und am morgen wenn wir
an uns glauben

BITTGEDANKE, DIR ZU FÜSSEN

Stirb früher als ich, um ein weniges
früher

Damit nicht du
den weg zum haus
allein zurückgehn mußt

V

Ehe wir Menschen waren, hörten wir Musik.
Friedrich Hebbel

NACH EINEM CEMBALOKONZERT

Im gehör
feingesponnenes silber, das mit der zeit
schwarz werden wird

Eines tages aber wird die seele
an schütterer stelle
nicht reißen

TEPPICH, NAIN, MIT SEIDE
(für Monika und eine unbekannte knüpferin)

Die sonne darf ihn
nur über den mond betreten

Direkten wegs könnte sie schaden
dem eingeknüpften augenlicht

ORIENTTEPPICH

Nur Allah gebührt es, vollkommenes zu schaffen

Und der mensch, fehlbar
bis zur vollkommenheit, gibt seinem gott, was
                                    gottes ist, knüpft
einen faden falscher farbe

und siebenhunderttausend knoten makellos

BALLETTEUSE

Ihre füße
zwei mondsicheln

Und die erde die erde hat
zwei himmel

Und wir wir leben
doppelt

EDVARD MUNCH: ROUGE ET NOIR, FARBHOLZSCHNITT, 1898

Wir sind ausgeschlossene
von geburt

Und jeder schließt jeden aus

Deshalb umarmen wir einander

Umarmung schließt alle aus
außer einem

ATELIERKATZE, HALBWILD
(ins gästebuch des malers S. auf Sylt)

Einen bogen schlagend
um menschen und nicht bemalte bögen,
lagere sie sich
auf den ausgelegten aquarellen ...

Gnade, meister, ihr und uns!

Eine schwester ist sie all derer,
die aufs versöhnende setzen
der kunst

MEDITATION ÜBER EINEN TORSO

... eine (spätantike) marmorne Venusstatue ...,
die durch jahrhundertelange obligate Steinwürfe
der St. Mathias-Pilger, die damit dem Heiden-
tum abschwören sollten, bis zur Unkenntlichkeit
verstümmelt wurde. (katalog)

Die finsternis in der faust
ist ein stück der finsternis in uns

Wer die faust erhebt, erhebt
das dunkel zum zeichen

Und in dem augenblick, da wir steinigen,
ist in uns die finsternis
dicht wie im stein

VI

Der Tejo ist schöner als der Fluß meines Dorfes,
aber der Tejo ist dennoch nicht schöner als der
Fluß meines Dorfes,
weil der Tejo nicht der Fluß meines Dorfes ist.
Fernando Pessoa

IN DER PROVENCE

Der himmel ein harter blauer stein
in der fassung des mittags

Der ginster weidet in gelben herden

Der staub
schwingt sich auf zu dem herrn, der er ist

ORIENTIERUNG IN MARSEILLE

Morgens wenn die nacht aus-
und der tag noch nicht eingekuppelt ist

wenn zwischen gasgeben und gasgeben
die kurven aufatmen

und wenn die frauen lange brote
wie fahnenstangen durch die straße tragen an denen
der warme duft weht

findest du plötzlich im süden
die mitte

BEI PORTO, SONNTAGNACHMITTAG

Als habe gott sie nicht gemacht aus erde, sondern
aus dem wasser der meere,

und als folgten auch sie
ebbe und flut – einer eigenen, im rhythmus
der woche –,

stehen sie sonntags am meer

Drückt böiger wind
die brandung über die klippen, harren sie aus
in ihren autos

Sie harren aus
stunde um stunde

Am meer

PORTUGIESISCHE FISCHERSFRAU, EINEN KORB MIT EISSTÜCKEN AUF DEM KOPF

Sie hat der männer morgenfang verkauft

Ihr schwarzes kleid
blinkt von silber

BRANCUSI: DER KUSS, GRABSKULPTUR
AUF DEM FRIEDHOF MONTPARNASSE

Als hätten sie sich verirrt
zwischen diesen festungen von gräbern

und der friedhof habe unter aufbietung der letzten
mauer
sie auf der flucht gestellt,

um endlich zwei zu haben
die leben

ZETTEL IN DEN FUGEN DER
KLAGEMAUER VON JERUSALEM

Vielleicht, damit gott nicht vergißt

Damit er die angst
schwarz auf weiß hat

DER HIMMEL VON JERUSALEM

Mittags, schlag zwölf, hoben die moscheen
aus steinernen hälsen zu rufen an,
und die kirchtürme fielen ins wort
mit schwerem geläut

Die synagoge, schien's, zog ihren schwarzen mantel
enger, das wort
nach innen genäht

IN SALZBURG,
AUF DEM MÖNCHSBERG STEHEND
(nach ankunft im westen Europas)

Wiederzukehren
hierher, können von nun an mich hindern
armut nur, krankheit
und tod

Im kupferlaub der dächer geht der blick
den abend ab

Heimat haben und welt,
und nie mehr der lüge
den ring küssen müssen

Peter Krön zugeeignet

VII

ihr habt mir ein haus gebaut
laßt mich ein andres anfangen.
Wolfgang Hilbig

AUTOBIOGRAPHISCH

Glaubt nicht, wenn abends ich die augen schließe,
sähe ich nicht
die wege dort bei euch, die halsbänder
der hügel

Ein medaillon, ein pendelndes, erblicke ich: einen
mäusefangenden fuchs

Und den pfaden denke ich nach
zu den tiefen sirenen der hirsche (unterm
brunftmond
schieferdächer, hangsteil, lautlose
lichtschnellen)

Doch bin im traum ich plötzlich dort, wo ich nie
wieder hatte
sein müssen wollen, übe ich die hohe schule
des entkommens: zu träumen, daß ich
träume

DEUTSCHE BALLADE

Das hohe alter der mutter sei
kein grund, zu ihr zu reisen

Gehirnschlag sei
kein grund

Nun durfte er reisen, er hat
einen grund ganz aus tod

BRIEF AUS SACHSEN 1983

Sie trennen
die friedhöfe von den kirchen
das notwendige vom übel

Sie sind sich sicher
nur der toten

WIEDERBEGEGNUNG BEI EUCH

Nicht gewillt,
um Milde zu bitten
Peter Huchel

Wenn eure lesebücher die verluste melden werden,
die eure zeitungen verschweigen – dann
vielleicht

Doch zu ende zählen werden wir die tage nicht

Euch, die ihr gespräche dort pflanzt,
wo sie befahlen, die wurzeln zu roden,
hinterlasse ich den treffpunkt,
damit ihr ihn hinterlaßt:

Beim blauen schriftzug des eisvogels,
der nur dann seinen ort verläßt,
wenn den bächen das eis
bis zum quell steht

IHRE FAHNEN

Ihre fahnen schlagen unsre ideale in den wind
und wir heißen fahnenflüchtig weil wir
den idealen treu geblieben sind

VIII

Und weiter und zur Welt hinaus.
Hermann Hesse

MOMENT ABSURDE

Die erde ein scharf berechneter
scheiterhaufen

Frühling läßt sein blaues Band ...

Niederbrennbar nun
alle himmel

FRIEDEN

Im tal
der weiße schornstein eines weißen schiffes
über den bäumen
ein schornstein mit hammer und sichel
vor meinem fenster
hammer und sichel
lautlos
landein

DER TOD DES
DICHTERS KONSTANTIN BIEBL, 1951

An die heimat denk ich und bohre den blick in
die erde
Wäre die erde aus glas
allen frauen Europas könnte ich unter die röcke
schauen

Hin und wieder wirbeln beine in der weißen
wäsche
als tanzten in Paris
balletteusen auf blitzenden spiegeln ...

Tief unter mir leuchtet eine himmlische schlucht
ich gehe wie Christus, auf den schultern das
Kreuz des südens ...
Auf der anderen seite der welt ist Böhmen
ein schönes und exotisches land
Konstantin Biebl, Java 1927

Immer bleibt ein abdruck wenn einer
ein kreuz trägt

Und immer entsteht dann ähnlichkeit
mit dem könig der juden

Er hätte widerrufen können was geschrieben steht

Doch vielleicht erkannte er an jenem morgen, als
er das fenster
öffnete, am stirnschmerz
die dornenkrone

Und Golgatha lag mitten in der stadt

Er schlug auf
vor den füßen
der jüngsten balletteuse von Prag

DIE VERURTEILTEN VON THORN

Am 7. februar 1985 wurden mitarbeiter der pol-
nischen geheimpolizei für schuldig befunden,
den geistlichen betreuer der gewerkschaft Soli-
darność, Jerzy Popiełuszko, entführt und vor-
sätzlich getötet zu haben.

Ihr verhängnis: Verräterisch klein
ist ihr land

Ihre hoffnung: das große land

Reglos
kehrt es den rücken zu

Doch jeder weiß, es liegt wach

DIE LEHRE VON THORN

Nach erstatten der meldung
die spur übergeben,
aufgerollt über daumen und zeigefinger
wie der strick

VORTRUPPS HIER

In den händen
pflastersteine, die schweren samen
der finsternis

Steinwurf um steinwurf rückt sie vor

DIE NACHT X
(noch einmal für Elisabeth)

An ihrer eigenen finsternis
werden sie sich herablassen vom himmel,

und mancher hier
wird die finsternis ihnen halten

Und den weg ihnen zeigen – nicht ahnend daß es
zugleich
der weg ist zur eigenen tür, wenn die reihe
an ihm sein wird

IX

Ich mag den Menschen nicht, dessen Leben mit seinen Werken nicht im Einklang steht.

Robert Schumann

TAGESORDNUNGSPUNKT: DER FRIEDEN
(akademiesitzung in B.)

Du reichst die hand
Zwei verweigern sie dir
Einer von dort
einer von hier
Und wir sind fast nur vier

DREI WÜNSCHE FÜR DAS NEUE JAHR

Durchsichtige zäune

Hartnäckige fragen (im nacken
ein wenig flaum)

Brücken die bei vormarsch
brechen

anmerkungen

teppich, Nain, mit seide: Nain (Najin) – stadt in zentralpersien

amulett für M., die von dort kommt: Wolfram – sog. Wolfram, leuchterträger, bronze, um 1160

berühmter autor des westens signiert: schmutztitel – blatt vor dem titelblatt eines buches

der tod des dichters Konstantin Biebl, 1951: Im november 1951 setzten in Prag die verhaftungen zu einem von antisemitischen tendenzen geprägten prozeß ein (sog. Slánský-prozeß), in dem elf angeklagte zum tode verurteilt wurden (vier urteile wurden vollstreckt). Vorausgegangen waren eine ideologische kampagne gegen den 1949 verstorbenen dichter František Halas und ein geheimprozeß u. a. gegen den surrealistischen lyriker Záviš Kalandra, der hingerichtet wurde. (»Biebl, die augen vor entsetzen weit geöffnet, fragte mich: ›Haben Sie von der reaktion Eluards gehört?‹ Und er erzählte mir, André Breton habe Eluard in einem offenen brief aufgefordert, die anschuldigungen gegen ihren gemeinsamen freund Kalandra zurückzuweisen, aber Eluard habe es gehorsam öffentlich abgelehnt, einen volksfeind zu verteidigen.« Milan Kundera)

die verurteilten von Thorn: Thorn – pol. Toruń, stadt an der Weichsel

Ich danke meinen freunden für ihre kritik am manuskript dieses buches.

inhalt

I

entwurf unseres hauses frei nach Alfred Kubin (82)	9
baustellenwochenende (82)	10
maurer, in der tür der bauhütte lehnend (82)	11
die handwerker sind gegangen (82)	12
das haus (82)	13
heimat trotz wenn und aber (82)	14

II

vorfrühling (84)	17
hoher sommer (82)	18
in Gottsdorf vor dem gewitter (83)	19
nach dem großen regen (83)	20
bauernhaus von hinten (83)	21
im morgengrauen (84)	22
gedicht für den winter (82)	23
abends (84)	24

III

neben dem stufenleger kniend (83)	27
gedicht mit der frage des lehrers (83)	28
unpopuläres gedicht (84)	29
nachdichten (82)	30
dichter im exil (82)	31
von der inspiration (83/85)	32
selbstgespräch für andere (85)	33

dichter sein (83/85) 34
der leser (85) 35

IV
nachts (82) 39
der vater, sehr gealtert (83) 40
der vater reist zurück (85) 41
abschied (84) 42
Passau trist (83) 43
august (85) 44
föhn (85) 45
besuch aus Mähren (82/84) 46
traum im exil (85) 47
amulett für M., die von dort kommt (85) 48
neubauten in der altstadt (84) 49
alter großstadtfriedhof (83/85) 50
junge motorradfahrer (83) 51
generationen (83) 52
unter sterbenden bäumen (83) 53
kleines ruhmesblatt für Alexander Graf von
Faber-Castell (84/85) 54
märchen für zwei alte hände (84) 55
ostern (84) 56
geburtstagsbrief (84) 57
literaturarchiv in M. (85) 58
berühmter dichter des westens signiert (85) 60
engramm (85) 61
überdosis (85) 62
nocturne auf der höhe des lebens (82) 63
bittgedanke, dir zu füßen (83) 64

V

nach einem cembalokonzert (84)   67
teppich, Nain, mit seide (82)   68
orientteppich (83)   69
balletteuse (84)   70
Edvard Munch, rouge et noir,
farbholzschnitt, 1898, (82)   71
atelierkatze, halbwild (84)   72
meditation über einen torso (83)   73

VI

in der Provence (84)   77
orientierung in Marseille (82)   78
bei Porto, sonntagnachmittag (84)   79
portugiesische fischersfrau,
einen korb mit eisstücken auf dem kopf (84)   80
Brancusi: der kuß, grabskulptur auf dem
friedhof Montparnasse (82)   81
zettel in den fugen der klagemauer von
Jerusalem (84).   82
der himmel von Jerusalem (84)   83
in Salzburg, auf dem Mönchsberg
stehend (84/85)   84

VII

autobiographisch (85)   87
deutsche ballade (84)   88
brief aus Sachsen 1983 (83)   89
wiederbegegnung bei euch (85)   90
ihre fahnen (83)   91

VIII

moment absurde (84/85)	95
frieden (82)	96
der tod des dichters Konstantin Biebl, 1951 (82)	97
die verurteilten von Thorn (85)	99
die lehre von Thorn (85)	100
vortrupps hier (83)	101
die nacht x (82/85)	102

IX

tagesordnungspunkt: der frieden (83)	105
drei wünsche für das neue jahr (83/85)	106

anmerkungen	107